BIJOUX

TROIS - CONTINENTS

BIJOUX

Une publication : TROIS-CONTINENTS.
*Cette édition de poche a été tirée du livre «**Le grand livre des bijoux**»*
d'Ernest A. et Jeanne Heiniger, paru aux Éditions EDITA S.A.
L'ensemble des documents publiés dans cet ouvrage provient des archives appartenant à Edita S.A. Office du Livre, Compagnie du Livre d'Art (CLA).

ISBN 2-8264-0138-6
EAN 978282601384

omme les étoiles, les plus belles pierres
ont des noms propres. Ce sont des noms
poétiques, tout imprégnés des mystères
de leurs pays d'origine, comme ce Koh-i-noor
qui signifie «Montagne de Lumière» ;
ce sont aussi les noms de ceux qui les ont portées,
un peu comme les étoiles prennent le nom
des astronomes qui les découvrent.
Derrière ces noms vous verrez apparaître
quelques dizaines, voire quelques centaines
de carats de cristal parfait que la lumière
fait scintiller de mille feux, que leur rareté et
leur beauté rendent inestimables et dont le prix
excite l'appétit des grands comme celui des truands.
Car il est souvent vrai que ces pierres ont
une histoire tumulteuse, qu'elles ont brillé sur
les plus beaux joyaux et roulé dans le sang ou
la boue… et qu'elles sont parvenues jusqu'à nous
sans qu'on sache toujours par quels tortueux
hasards. Mais leur éclat même et leur valeur
intrinsèque permettent d'imaginer les pires intrigues
pour leur possession. La petite histoire de ces pierres
parle de cadeaux sompteux de serments d'amour,
de calculs politiques, de vols audacieux,
de chevauchées inquiètes, de coup de couteau
dans l'ombre et de machiavéliques combinaisons
au grand jour. Beaucoup de ces diamants ou de
ces rubis figurent aujourd'hui dans des trésors
nationaux ou des musées d'Etat, mais le public
qui vient les contempler, ébahi, ressent confusément
une onde mystérieuse faite d'on ne sait quoi,
venue d'on ne sait où… mais qui pourrait être
la somme des joies et des larmes, des espérances
et des malédictions que ces pierres ont semées
sur leur passage… et qui a nom la vie.

"Royal Heart", par Dali - 1953
TAG Œuvres d'Art S.A. Paris

Sommaire

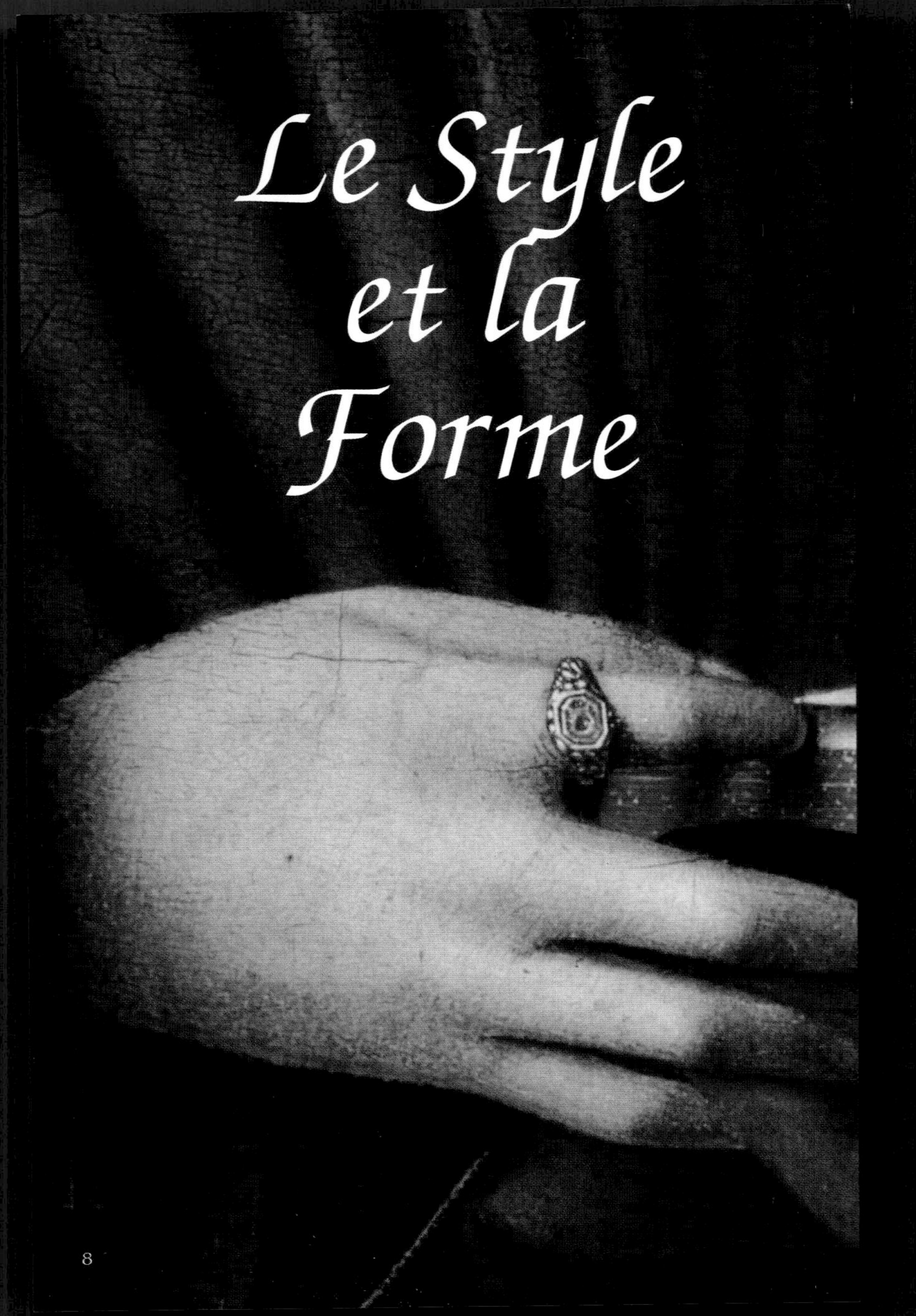
Le Style
et la
Forme
8

Les productions de la joaillerie ancienne sont essentiellement en or, et l'histoire de la bijouterie se confond alors avec celle de l'orfèvrerie. Ses origines remontent à l'ancienne Babylonie, l'Iraq actuel. C'est là, plus précisément sur l'emplacement de la cité biblique d'Ur en Chaldée, que l'archéologue britannique Leonard Woolley découvrit, avant la Seconde Guerre mondiale, plusieurs tombes royales d'une richesse fabuleuse, datant environ de 2600 av. J.-C. Dans les sépultures, de magnifiques bijoux furent retrouvés, qui témoignent d'un art prodigieux pour l'époque : parures de cheveux en plaques d'or représentant des fleurs, pendants d'oreilles en forme de croissants, fines chaînettes d'or, anneaux incrustés de lapis-lazuli et d'agate. Dans ces bijoux apparaissent déjà deux des techniques les plus goûtées de toute l'Antiquité : le filigrane et la granulation. La première consiste dans l'application décorative, au moyen de soudures dissimulées, d'un fil d'or lisse ou torsadé ; dans la granulation, on juxtapose et l'on soude sur un fond d'or de minuscules boules ou grains du même métal. La tradition de la décoration en filigrane s'est maintenue jusqu'à nos jours. La granulation, elle, avait pratiquement disparu avant l'an mille de notre ère déjà, car sa réalisation impliquait une technique de soudure très particulière qui se perdit et qu'on mit des siècles à retrouver. On y parvint finalement peu avant la Seconde Guerre mondiale.

PAGE DE GAUCHE :
Madame de Senonnes,
par Ingres.
Vers 1814-15.
Musée des Beaux-Arts,
Nantes.

CI-CONTRE :
Or, lapis-lazuli, cornaline, en provenance de Tello-Sumer
Vers 2500 avant J.-C.
Musée du Louvre, Paris.

PAGE DE GAUCHE :
La couronne dite du «Cerf» est un joyau hyksos en électrum. Les Hyksos ont envahi l'Egypte vers 16 av. J.-C. et occupé le delta pendant plus de deux siècles. La couronne est faite d'un bandeau sur lequel sont montées cinq têtes d'animaux : un cerf et quatre gazelles. Le motif des gazelles est égyptien, mais le cerf pourrait bien rappeler l'origine asiatique et nomade des Hyksos. D'ailleurs l'allure générale de l'objet et le travail sont vers 1650 av. J.-C.
Metropolitan Museum of Art, New York.

Depuis la Babylonie, l'art de l'orfèvrerie se répandit rapidement. Il prit racine et prospéra dans les pays connus plus tard sous le nom de Syrie et de Phénicie et dans le nord-ouest de l'Asie-Mineure, là où Homère a situé la ville de Troie. En ce dernier lieu, Heinrich Schliemann découvrit des trésors somptueux composés de bijoux et autres objets en or, qu'on ne tarda pas à mettre en rapport avec les héros légendaires de l'«Illiade».

Nous savons maintenant que ces trésors, exécutés entre 2500 et 2300 avant notre ère, sont antérieurs de mille ans au moins à la Guerre de Troie. Cette joaillerie troyenne était encore essentiellement en feuilles d'or, très richement décorée en filigrane et en granulation d'un raffinement supérieur à ce qu'on voit sur les objets créés à Ur quelques siècles auparavant. Ces trésors contenaient des objets extrêmement variés : diadèmes complexes en chaînes et en feuilles d'or ; boucles d'oreilles en forme de corbeilles, finement granulées ou se terminant par des rosettes ; agrafes dont la tête représente souvent des animaux fantastiques,

PAGES PRÉCÉDENTES :
Détail de l'éblouissante coiffure en or d'une suivante de la reine Pu-abi, montrant la simplicité et la richesse de cette parure.
Sumer 2500 av. J.-C..
British Museum, Londres.

PAGE DE GAUCHE :
C'est vraisemblablement une princesse de la Cour du roi Thoutmosis III, vers 1450 av. J.-C. qui portait cette mantille d'or. Le sommet de la coiffure est fait d'une plaque en forme de palmette incrustée de cornalines, de turquoises et de strass ; la chevelure est recouverte d'un «voile» formé par des rubans de rosettes ajourés.
– Objet trouvé à Wadi Gabbanat el Qirud, Thèbes.
Metropolitan Museum of Art, New York.

CI-DESSOUS :
Bague du pharaon Thoutmosis III ; sur une face du chaton, le nom du roi, sur l'autre un scarabée en stéatite avec glaçure bleue.
Egypte, 1504-1450 av. J.-C.
Collection Carnavon, 1926, Metropolitan Museum of Art, New York.

CI-DESSUS :
Il reste encore 3 petits chats sur ce bracelet en or avec cornaline, grains de turquoises et de lapis-lazuli. Il se peut que les deux chats qui manquent aient été en céramique. A l'époque du Nouvel Empire (1570-715 av. J.-C.), les chats étaient des animaux très prisés. Ce joyau appartenait à une des femme mineures de Thoutmosis III. Trouvé à Wadi Gabbanat el Qirud, Thèbes, Egypte, vers 1450 av. J.-C..
Fonds Fletcher et Riger, 1919-1922, Metropolitan Museum of Art, New York.

vases sacrés, sans compter d'innombrables petits anneaux, prismes, dés perforés, tous en or. Peu de temps après la mise au jour de ces chefs-d'œuvre troyens, on trouva des objets du même genre, légèrement postérieurs et d'une exécution moins soignée, dans les Cyclades, au sud de la Grèce, et surtout en Crète lieu où s'épanouit la fameuse culture minoenne, redécouverte par Sir Arthur Evans. Dans cette partie du monde, c'est un cimetière de l'île de Mochlos, située au nord-est de la Crète, qui a livré les premiers bijoux dignes de ce nom : des diadèmes travaillés en bosse de motifs de caractère naïf, des épingles à cheveux en forme de fleurs, des chaînes ravissantes et étonnamment complexes et des pièces en grains d'or ciselé, ou encore, pour donner une note colorée, en stéatite, en cornaline, en améthyste ou en cristal de roche.

CI-DESSUS :
Or. Égypte,
XVIIIe dynastie.
1361-1352 avant J.-C.
Musée du Caire.

L'évolution a dû être constante en Crète, constantes aussi les améliorations techniques, mais le fil qui relie ces civilisations est ténu et nous ne le retrouvons qu'aux environs de1700 avant notre ère, époque pour laquelle nous disposons d'un matériel abondant. Il y a, par exemple, ce pendentif provenant d'une tombe

CI-DESSUS :
Ce pectoral du pharaon Sésostris II, provient de Lahûn ; il a été trouvé par Petrie en 1914, dans la tombe de la princesse Sit Hat-Hor-Int. Il a été exécuté à une époque où l'excellence du travail et la sûreté du dessin étaient appréciés comme ils ne le furent plus jamais dans l'Egypte antique. Deux faucons sacrés –représentant Horus– supportent le cartouche du roi ; le groupe tout entier peut être interprété de la façon suivante : «(Puisse le Dieu) Horus accorder des millions et des centaines de milliers d'années à (le roi) Kai-Khepe-Re (Sesostris II).» Le pectoral est en or, incrusté de lapis-lazuli, de cornalines et de turquoises ; les yeux des faucons sont en grenats. – Egypte, vers 1880 av. J.-C.. Metropolitan Museum of Art, New York.

CI-DESSOUS :
Anneau de cérémonie d'un roi, en or moulé. Anatolie, début du IIe millénaire av. J.-C. Schmuckmuseum, Pforzheim.

royale à Malia, dans l'île de Crète, qui représente deux abeilles affrontées. Leurs têtes sont surmontées d'une cage contenant un grain d'or et aux extrémités du pendentif sont suspendus trois disques représentant probablement le soleil. Rarement on a vu les techniques du filigrane, de la granulation et du repoussé combinées d'une manière aussi heureuse. Un autre pendentif peut être admiré au British Museum ; il fait partie de ce qu'on appelle le «trésor d'Egine», du nom de l'île de la mer Egée d'où l'on pensait qu'il provenait. Mais à voir les objets qui le composent, on peut avancer l'idée que le trésor tout entier est d'origine crétoise et date de 1700 ou 1600 av. J.-C. environ. On a été tenté de penser qu'il provient de la même tombe que le pendentif aux abeilles. Celui du British Museum, en or également, représente un dieu de la nature debout, et tenant un oiseau aquatique dans chaque main. Ce dieu porte le costume crétois : pagne étroitement serré par une ceinture et coiffure surélevée. L'influence de l'art égyptien est nettement visible dans les motifs décoratifs, mais l'impression de vitalité qui se dégage du personnage est typiquement crétoise.

CI-CONTRE :
Nemareth, fils de Sheshonk Ier (950-929 av. J.-C.), fondateur de la XXIIe dynastie, était l'heureux possesseur de cette paire de bracelets d'or. On y voit le roi-soleil enfant, assis sur une fleur de lotus. A l'intérieur des bracelets, incrustés de lapis-lazuli, une inscription précise que la mère de Nemareth était la fille d'un chef libyen et qu'elle s'appelait Patareshmes, ce qui signifie «le pays se réjouit à cause d'elle». – Egypte, vers 935 av. J.-C. British Museum, Londres.

CI-DESSUS :
à gauche,
Or et cornaline. Etrurie,
VIe siècle avant J.-C. Vulci.
Bibliothèque nationale,
Paris.

à droite,
Or et sardoine. Etrurie,
IVe-IIIe siècle avant J.-C.
Tarquinia.
British Museum, Londres.

Aux environs de 1600 avant notre ère, de l'île de Crète, la culture minoenne se propagea sur le continent, en particulier à Mycènes, lieu que la légende a rendu fameux. Les Mycéniens n'étaient pas des Crétois, mais leur mode de vie fut profondément influencé par la Crète, dont ils adoptèrent en bloc, semble-t-il, les arts somptuaires, la joaillerie notamment, qu'ils ignoraient jusqu'alors. Les deux cultures coexistèrent tout au long des XVIe et XVe siècles avant notre ère. Après la chute de Cnossos, vers1400, la culture mycénienne prit le dessus mais, pendant au moins trois siècles encore, l'art lui-même ne fut que la prolongation de l'art minoen, avec lequel il entretint à peu de chose près la même relation que, plus tard, l'art romain à l'égard de l'art grec.

CI-CONTRE :
Cet anneau d'or égyptien est orné de canards. – Egypte, Ramsès III(?), vers 1200-1100 av. J.-C. Musée du Louvre, Paris.

CI-DESSOUS :
Cette boucle d'oreille en or appartient au trésor découvert à Mycènes. Grèce, XVIe siècle av. J.-C. Musée archéologique national, Athènes.

De l'une des tombes de Mycènes, fouillée par Schliemann en 1876, provient une épingle d'argent à tête d'or datant du XVIe siècle av. J.-C. La tête a la forme d'une déesse minoenne portant une guirlande à la main, sa coiffure est très élaborée et donne naissance à trois éléments en forme de plumes qui rejoignent presque ses pieds. La divinité en question est vêtue du séduisant costume minoen : le contraste est frappant entre la longue jupe et le corsage profondément échancré laissant le buste à découvert. Plus tard, depuis 1450 environ et jusqu'à 1200 avant notre ère, la joaillerie mycénienne produit essentiellement des bijoux ornés de grains d'or et des disques estampés qui reprennent des motifs empruntés par les Crétois à la vie végétale, marine et aux objets de culte. Ces ornements étaient portés autour du cou et ils étaient parfois discrètement émaillés ou granulés. Une autre «spécialité» mycénienne était l'anneau sigillaire en or, au chaton orné de scènes gravées de caractères religieux, souvent très détaillées. Entre 1100 et 850 av. J.-C., période obscure pour la Grèce, la joaillerie se fait rare. Les civilisations crétoise et mycénienne avaient jeté leurs derniers feux, la splendeur de la Grèce classique était encore à naître. Les techniques les plus raffinées, telles que

CI-DESSUS :
Masque en or, dit du roi Agamemnon, trouvé à Mycènes en 1876 par H. Schliemann. – Grèce, XVIe siècle av. J.-C. Musée archéologique, Athènes.

filigrane, granulation, émaillage, incrustation et repoussé se perdirent et les femmes contemporaines de ce «Moyen Age hellénique» durent sans doute se contenter des parures les plus simples en feuilles d'or ou en fil torsadé.

CI-DESSOUS :
Ce bracelet en or de la période achéménide est décoré d'animaux ailés, affrontés.
Ce bijou faisait partie du trésor trouvé en 1877 près du fleuve Oxus.
Objet perse ou élamite, Ve siècle av. J.-C.
British Museum, Londres.

Naissance de l'art occidental

CI-DESSUS :
Cet étrange bijou en or est un ornement pour la chevelure. Il représente un lion-griffon. L'orfèvre a traité les formes anatomiques de l'animal imaginaire avec un sens décoratif aigu ; la queue, par exemple, se termine par une feuille. – Objet perse ou élamite. Trésor de l'Oxus, Ve siècle av. J.-C. British Museum, Londres.

CI-CONTRE :
Boucle d'oreille en or, richement ornée de motifs en filigrane. – Art étrusque, VIe siècle av. J.-C.
Staatliche Antikensammlungen, Munich.

PAGE DE DROITE :
Ce pectoral en croissant de lune est fait d'une seule feuille d'or dont l'épaisseur ne dépasse pas trois dixièmes de millimètre. Il est décoré d'étroites rangées d'animaux –un chien(?), une chèvre, un cheval, un lion– ainsi qu'une palmette et un chevron. Les gracieuses palmettes, pareilles à des coquillages, apportent une note de variété au milieu des rangées d'animaux. L'or est natif, entre 20 et 23 carats. Ce pectoral se portait probablement sur une tunique ou une cuirasse, à laquelle il était fixé par des fibules en cuivre.
– Art étrusque, début du VIe siècle av. J.-C.
Metropolitan Museum of Art, New York.

Vers 850 avant notre ère, des artisans phéniciens s'établirent en Grèce et y réintroduisirent les arts de luxe, tels que le travail de l'ivoire et l'orfèvrerie. Ils utilisaient les techniques d'autrefois, dans un style différent. Cependant, se libérant des premières influences orientales, la joaillerie prit alors un aspect typiquement grec, comme la peinture et la sculpture de l'époque. Au VIIe siècle avant notre ère, les îles produisirent des bijoux en grand nombre. A Rhodes, on exécutait en particulier des plaques rectangulaires, que l'on portait en travers de la poitrine. Travaillées en ronde-bosse, elles étaient ornées de personnages mythologiques : déesse de la nature ailée, déesse-abeille, sphinx, griffon ou centaure ; les plus beaux spécimens étaient en outre enrichis d'un décor finement granulé. Sur une de ces plaques, on a compté la bagatelle de 2600 grains d'or. Dans un genre très proche de ce qui se faisait à Rhodes, sur l'île de Milo on se spécialisa dans la fabrication de rosettes d'or destinées à maintenir des diadèmes en étoffe ou en cuir.

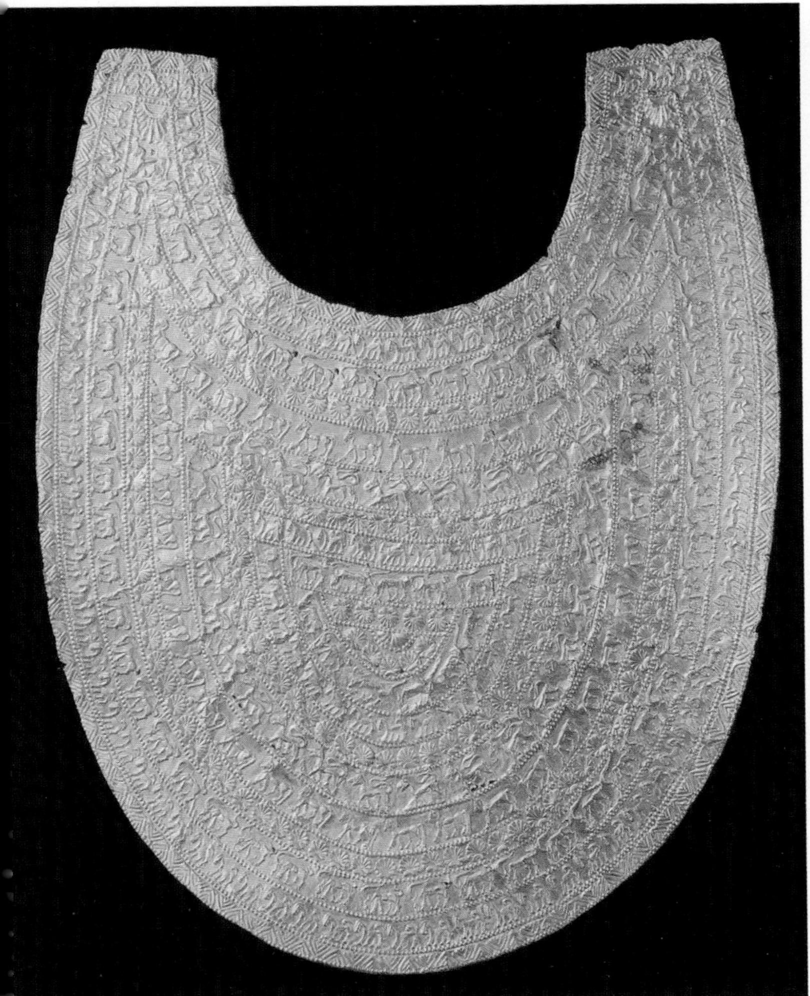

CI-CONTRE :
Etrange tête de griffon, bouche ouverte et langue projetée en avant, corne unique et massive. – Grèce, VIIe siècle av. J.-C.
British Museum, Londres.

CI-DESSUS :
Elégante épingle à cheveux, en or, en forme de fleur, habilement stylisée. – Grèce, 2200-2000 av. J.-C. Metropolitan Museum of Art New York.

Cet état de choses ne devait pas durer. La joaillerie disparut vers 600 av. J.-C., presque totalement et aussi brutalement, semble-t-il, qu'elle était apparue. Vraisemblablement, il arriva un moment où il fut impossible d'obtenir de l'or, le métal précieux étant accaparé par les puissances montantes telles que la Perse et la Lydie. Les Grecs durent se contenter d'un autre métal : l'argent. Il subsistait, cependant, dans le monde grec, un endroit où l'on continuait de fabriquer des bijoux en or : les colonies grecques du sud de l'Italie, qui restaient très prospères et qui, au VIe siècle avant notre ère, avaient toujours leurs orfèvres. Ne pouvant plus s'inspirer de modèles grecs, les artisans subirent l'influence de l'art étrusque, comme dans cette longue fibule en or, aux formes triangulaires, finement granulée et se terminant par une tête de bélier.

CI-CONTRE :
Ce pendentif en or date de l'époque du fameux Crésus, roi de Lydie ; il a été trouvé dans une tombe de la région de Sardes, la capitale. Cet ornement se portait probablement sur la poitrine ; s'il avait une signification symbolique, elle nous est aujourd'hui inconnue. L'utilisation de l'or dans une Lydie puissante et riche tarit l'arrivée du métal précieux en Grèce et les bijoux en or s'y firent rares. – Lydie (Turquie), VIe siècle av. J.-C. Musée du Louvre, Paris.

CI-CONTRE :
Ce pendentif en or, à tête de satyre, a été trouvé à Cerveteri. – Art étrusque, environ Ve siècle av. J.-C. British Museum, Londres.

Pour aborder la joaillerie étrusque, il nous faut remonter aux environs de 700 avant notre ère, époque à laquelle les maîtres prospères des cités de l'Italie centrale comblaient leurs femmes de bijoux en or. Les morts étaient enterrés dans des tombeaux de pierre avec toute leur parure : grâce à cette coutume, bon nombre de bijoux étrusques sont restés intacts jusqu'aujourd'hui. Comme en Grèce, les Phéniciens furent les initiateurs de cet art nouveau. Ils introduisirent les mêmes techniques dans les deux civilisations, mais l'utilisation qui en fut faite différa quelque peu. Les Etrusques tirèrent plus grand parti que les Grecs des possibilités qu'offrait la granulation, genre de décor qui était le plus en vogue dans le travail de l'or. Les granules étaient non seulement disposées en rangs, mais dessinaient aussi le contour de figures ou bien - les figures étant alors repoussées en bas-relief - servaient de fond.
Le filigrane fut d'abord peu utilisé, mais on le rencontrera ensuite plus souvent, parfois complètement ajouré - c'est-à-dire qu'il ne sera plus appliqué sur une feuille d'or. Au VIe siècle, des Grecs immigrés, manquant de possibilités de travail dans leur propre pays,

CI-CONTRE :
Boucle d'oreille en or ; elle a perdu ses incrustations d'ambre ou de cristal de roche. – Grèce, VIIe siècle environ av. J.-C
British Museum, Londres.

introduisirent en Etrurie des motifs hellénisants et y développèrent l'art de l'émaillage et de l'incrustation. Au nombre des plus beaux bijoux étrusques, on trouve des bracelets très finement décorés en granulation et en filigrane. Les premiers ornements d'oreilles furent d'énormes disques d'or, puis on rencontrera des formes cylindriques fermées aux extrémités et formant une espèce de corbeille. Ces boucles étaient richement - trop richement peut-être - décorées de motifs en filigrane et en émail, ainsi que de minuscules fleurs et baies d'or. Les fibules ou épingles de sûreté destinées à fixer les vêtements jouaient un plus grand rôle en Etrurie qu'en Grèce, leur ornementation fut donc poussée à l'extrême. Une des plus belles vient de Vulci ; le pourtour est incrusté de sphinx, de lions, de têtes de lions et de chevaux, le tout recouvert d'une granulation d'une finesse extrême. A un Grec, cette opulence eût semblé de mauvais goût, mais la virtuosité de l'artiste a de quoi nous subjuguer.

CI-DESSUS :
Trouvé en 1962 sous un énorme rocher, ce collier en or provient du trésor d'Erstfeld, Suisse. Des experts pensent qu'il fut enseveli sous un glissement de terrain avec le «marchand» qui le transportait à travers les Alpes. On en a retrouvé de semblables dans les tombes royales de Rheinheim, en Allemagne. Celui-ci est orné d'animaux légendaires. – Art celte, IVᵉ siècle av. J.-C. Musée national suisse, Zurich.

CI-DESSOUS : C'est en labourant son champ qu'un agriculteur a retrouvé ce torque en électrum. C'était en 1950 à Ken Hill, Snettisham, Grande-Bretagne. Les torques semblent avoir été un symbole d'autorité chez les Celtes. Le style de celui-ci est remarquable tant par sa conception que par sa réalisation. Les extrémités en sont creuses et l'une d'elles contenait une petite monnaie d'or datant d'environ 50 av. J.-C. Les torsades du torque, formées d'un alliage d'or, sont très souples et le bijou est léger. – Art celte,vers 50 av. J.-C. British Museum, Londres.

Pour en revenir à la Grèce proprement dite, la tradition du VIIe siècle se maintint dans des régions situées hors de l'influence étrusque. Au VIe siècle, de nombreux artisans grecs émigrèrent et trouvèrent du travail dans des pays prospères, chez les Celtes loin à l'Ouest, chez les Thraces au Nord et chez les Scythes sur les rivages de la mer Noire. Quand les Perses furent définitivement vaincus et que, vers 450 avant notre ère, il fut de nouveau possible d'obtenir de l'or, on revit en Grèce des objets en cette matière. Dans l'ensemble, les formes étaient celles d'autrefois mais le filigrane remplaça la technique plus délicate de la granulation et l'émaillage revint à la mode.

Durant plus d'un siècle, entre la défaite finale des Perses et les conquêtes d'Alexandre le Grand (450-322 avant notre ère), les Grecs produisirent quelques-uns des plus beaux bijoux de tous les temps. Il s'agit véritablement de sculptures en miniature, la décoration, accessoire, ne visant qu'à accentuer cet effet de relief.

Rhyton retrouvé dans le palais de Cnossos, datant du XVIe siècle avant J.-C. Ce vase à libations est taillé dans un bloc de stéatite noire. Les yeux du taureau sont exceptionnels avec leurs incrustations de nacre, de jaspe et de cristal de roche.
Les cornes originales, probablement en bois doré à l'origine, ont été reconstituées.
XVIe siècle avant J.-C.
Musée d'Héracléion.

CI-DESSUS :
Tête d'épingle en or, provenant de la tombe III de Mycènes. Deuxième moitié du XVIe siècle. Musée national, Athènes.

A cette époque, les colliers sont rares, mais ceux qui nous sont parvenus sont très beaux. L'un d'eux, parmi les plus parfaits, vient de Tarente, établissement grec prospère du sud de l'Italie ; il date de 380 av. J.-C, environ et se compose de rosettes alternant avec d'autres ornements, auxquels sont fixés des boutons de fleurs et des têtes de femmes. La délicatesse du travail et la décoration en filigrane mettent en évidence les jeux d'ombre et de lumière sur la surface de l'or.

Un autre chef-d'œuvre de cette période est une paire de boucles d'oreilles provenant d'Erétrie dans l'île d'Eubée, qui date d'environ 420 av. J.-C. Chacune se compose d'une grande rosette émaillée à laquelle pend un élément en forme de bateau, filigrané au point qu'il évoque de la dentelle et dont le décor répète, à deux reprises, en miniature, le motif de la grande rosette. On y voit une minuscule sirène (oiseau à tête humaine) assise et des coquillages montés en chaînes. Le foisonnement de ces détails exquis n'altère en rien la pureté des lignes de ce parfait chef-d'œuvre.

CI-DESSUS :
Formé de serpents stylisés, ce bracelet en argent est l'un des 21 bracelets provenant de El Balamûn, à mi-chemin entre Le Caire et Damiette. Egypte, époque ptolémaïque, 300-200 av. J.-C. Metropolitan Museum of Art, New York.

Les époques hellénistique et romaine

CI-DESSUS :
Cette boucle d'oreille en or représente Hélios, personnification du soleil et de la lumière.
Grèce, IIIe siècle avant J.-C.
British Museum, Londres.

CI-CONTRE :
Ornée de spirales, cette bague en or provient d'un peuple pré-étrusque.
Objet trouvé à Vulci, Italie, vers 800 av. J.-C.
D 2,2 cm. Schmuckmuseum, Pforzheim.

PAGE DE DROITE :
Bague en or, cornaline et émeraudes.
Rome, IIe siècle après J.-C.
Musée `Benaki, Athènes.

Les conquêtes d'Alexandre le Grand entre 333 et 322 avant notre ère modifièrent la vie grecque sous tous ses aspects, et la joaillerie ne fit pas exception. La période qui s'ouvre alors est connue sous le nom de période hellénistique. Tout d'abord, grâce aux trésors pris aux Perses et à l'exploitation de nouvelles mines d'or, on porta de plus en plus de bijoux. A l'origine réservés à l'élite, les bijoux ne tardèrent pas à se répandre dans la classe moyenne aisée. A la suite des contacts avec l'Egypte et l'Asie occidentale se développa un goût pour les pierres et les pâtes de verre de couleurs vives, combinées avec l'or ; on utilisa aussi davantage l'émail. Pour les incrustations, on se mit à employer, par exemple, le cristal de roche, l'améthyste, la cornaline, la calcédoine, les perles et surtout les grenats. Comme on le fit beaucoup plus tard dans l'Angleterre victorienne, les orfèvres de l'époque hellénistique combinaient volontiers l'or et le grenat, qui se mettaient réciproquement en valeur. Enfin, de l'est vinrent de nouvelles variétés de bijoux

CI-DESSUS :
à gauche, anneau-clef en bronze, d'origine romaine. On pense que ce genre de bague servait effectivement de clef à une cassette contenant des bijoux ou d'autres objets de valeur. – Rome, Ier-IVe siècle av. J.-C. Schmuckmuseum, Pforzheim.

à droite, anneau en or ayant vraisemblablement appartenu à Marc Aurèle (161-180). – Rome, Ie-IVe siècle après J.-C. Staatliche Antikensammlungen, Munich.

PAGE DE GAUCHE :
Bracelet en or et en serpentine. Ce sont les corps de deux serpents qui forment les spirales et le nœud d'Hercule de ce bijou. Celui-ci est pareil à un nœud plat ; les Grecs et les Romains lui attribuaient le pouvoir de guérir les plaies. Ce type de bijou se portait au-dessus du coude. On remarquera le grenat au centre même du nœud d'Hercule. Grèce, Erétrie (Eubée), IIIe-IIe siècle av. J.-C. Schmuckmuseum, Pforzheim.

et de nouveaux motifs. Celui, caractéristique, du « nœud d'Hercule », formé d'éléments tubulaires en or, complétés ou décorés de grenats, se retrouve très fréquemment au centre de beaux diadèmes faits de feuilles d'or ciselées ou de lanières d'or tressées. A l'extrême fin du IVe siècle, on produisit de nombreux médaillons, disques d'or finement exécutés auxquels peut être suspendue une pyramide ou un cône renversé. Sur le disque lui-même sont parfois représentés des personnages, Eros par exemple, ou bien une Victoire. Plus tard, des formes humaines ou animales, souvent ailées, remplacèrent les cônes et les pyramides. Un autre type très répandu consistait en une spirale serpentiforme en or se terminant par une tête animale ou humaine et parfois ornée d'une gemme ou de pâte de verre qui lui donnait ainsi une touche de couleur. Les colliers de l'époque sont rarement aussi beaux que ceux des Ve et IVe siècles av. J.-C., mais certains sont cependant remarquables. On trouve surtout des colliers à maille d'or, agrémentés parfois d'une succession de pendeloques qui peuvent avoir la forme de fers de lances ou d'amphores, par exemple. Dans plusieurs autres sortes de bijoux de l'époque hellénistique, la sévérité classique est atténuée par une touche de magnificence tout orientale. L'art de l'Empire romain - y compris la joaillerie - s'est développé petit à petit à partir de l'art hellénistique ; il évolue tant et si bien au cours des quatre premiers siècles de notre ère, qu'il finit par annoncer l'art byzantin.

Les bijoux furent d'abord essentiellement en or. Des pierres étaient certes enchâssées, mais elles jouaient un rôle secondaire dans la structure du bijou. Vers le IVe siècle ap. J.-C., elles prirent une place plus importante et on les utilisa alors pour elles-mêmes. Cette évolution se fit de façon presque insensible, au point qu'il est impossible de dater exactement la fin de la tradition hellénistique et le début de l'art byzantin. Pour la première fois, en plus des gemmes utilisées jusqu'alors, on se servit aussi des pierres précieuses les plus dures : le saphir, l'aigue-marine et surtout l'émeraude, en provenance des mines qui venaient d'être découvertes en Egypte. Vers la fin de cette période, il devint courant de ciseler sur la surface de l'or des motifs d'une finesse évoquant la dentelle.

CI-CONTRE :
Or, grenats et améthyste.
Hellénistique,
Ier siècle avant J.-C.
Provenance inconnue.
British Museum, Londres.

CI-DESSUS :
à gauche, une sardoine gravée orne cette bague en or. Elle provient de Pamphylie. Objet romain, IIe siècle après J.-C. British Museum, Londres.

à droite, cette bague en or évoque la forme d'un serpent s'enroulant autour du doigt. Objet romain, Ie siècle après J.-C. Schmuckmuseum, Pforzheim.

Dans l'ensemble, l'orfèvre romain était plus paresseux que son prédécesseur grec et il adopta des techniques plus simples. La granulation était pratiquement oubliée, le filigrane rarement employé. L'émaillage céda presque entièrement la place à l'incrustation. Les pierres étaient rarement taillées de manière régulière et l'on utilisait les cristaux d'émeraudes sous leur forme naturelle, hexagonale.

Les boucles d'oreilles étaient très répandues. Peu à peu, le cercle hellénistique fut remplacé par la frappe ou une barre horizontale fixée à une pierre et retenant deux ou trois pendentifs en forme de gouttes. Les bracelets étaient robustes. On en a trouvé de nombreux à Pompéi (détruit en 79 de notre ère), coulés en forme de serpents lovés. Mais les plus beaux bijoux romains étaient sans doute les anneaux. Créant des effets remarquablement modernes, les Romains excellèrent dans l'art d'enchâsser des pierres aux vives couleurs dans des anneaux d'or massif. Ils s'écartèrent des principes rigides du classicisme et s'engagèrent dans une voie résolument nouvelle.

CI-CONTRE :
Or, grenats, saphir et calcédoine vert foncé. Rome, IIIe ou IVe siècle après J.-C. Provenance : Athènes. British Museum, Londres.

PAGE DE GAUCHE :
Or et grenats. Rome, vers le IIIe siècle après J.-C. Musée du Louvre, Paris.

Au cours de ce bref survol, nous avons tenté de résumer une évolution qui s'est étendue sur trois mille ans. Loin d'être continue, elle s'est faite par à-coups ; car la joaillerie, art de luxe, a toujours été extrêmement dépendante des conditions économiques, de la prospérité ou de la misère. Il y eut des périodes de disette et des périodes d'abondance, mais on peut affirmer qu'au sommet de leur évolution, les bijoux minoens, mycéniens, grecs et étrusques peuvent soutenir la comparaison avec ceux de n'importe quelle civilisation et de n'importe quelle époque.

CI-DESSUS :
Agate-Sassanide, vers le IVe siècle après J.-C.
La civilisation des Sassanides, ennemis de l'Empire romain ne manquait ni de matières premières, ni d'habileté en métallurgie ; pourtant la bague, un anneau d'agate sombre, emprunte le motif purement romain de la louve allaitant Romulus et Rémus.
British Museum, Londres.

PAGE DE DROITE :
Une inscription gravée sur la plaque qui fait partie de la monture de ce camée permet d'identifier les deux personnages : il s'agit de Dioclétien et de Maximin Herculius. Leurs traits sont gravés sur une calcédoine allant du blanc jaunâtre à l'orange vif avec quelques taches brunes. La monture est en or. Rome, fin du IIIe siècle après J.-C.
Dumbarton Oaks, Washington.

Byzance et le Moyen Age

PAGE DE GAUCHE :
Bague en or.
Scythe, V^{e}-IVe siècle avant J.-C.
Turkestan russe.
British Museum,
Londres

CI-DESSUS :
Broche en argent dorée, décorée de lions et d'aigles sur un fond de feuillage.
Suède, XVe siècle (?).
Victoria and Albert Mueum, Londres.

CI-DESSUS :
Bague en or et cornaline.
Byzance.
VIe-VIIe siècle après J.-C.
Provenance inconnue.
Kunsthistoriches Museum, Vienne.

PAGE DE DROITE :
La Vierge à l'Enfant avec des Saints, par Luca Signorelli ; (détail) 1515, Italie, National Gallery, Londres.

La joaillerie ne sombra pas dans la décadence durant la période de transition entre l'Antiquité et le Moyen Age, ni du point de vue technique ni de celui de l'inspiration. Au contraire, les bouleversements qui ébranlèrent le monde civilisé, provoquant toute une série de réactions et d'interréactions, furent à l'origine de nouveaux styles et de nouvelles formes.

Comme on peut s'y attendre, il n'existe pas, au IVe siècle de notre ère, de ligne de démarcation nette entre la joaillerie de la fin de l'Empire romain et celle de Byzance. En Occident aussi bien qu'en Orient, on constate en joaillerie un goût de plus en plus prononcé pour la polychromie. Les cabochons aux vives couleurs se multiplient : cornalines, saphirs, grenats sur des montures en or, de plus en plus légères. On a reconnu depuis longtemps l'importance du rôle joué par le Proche-Orient, l'Iran des dynasties achéménide puis sassanide dans l'avènement de nouveaux styles, de la polychromie et du cloisonné où des pierres fines, taillées de manière identique et polies, sont serties entre de minces cloisons (généralement en or) dressées verticalement sur le

CI-CONTRE :
Croix pectorale en or, émaillée. L'image de la Vierge Marie, mère de Dieu, est accompagnée de celle de saint Basile (à gauche) et de saint Grégoire (à droite). – Byzance, XIIe siècle. British Museum, Londres.

CI-DESSUS,
de gauche à droite :
Bague en or, Byzance ? Peut-être IXe siècle après J.-C. Trouvée à Rome. Signet au nom d'Alfred le Grand. Victoria and Albert Museum, Londres.

Bague en or, Byzance. VIe-Xe siècle après J.-C. Provenance inconnue. Victoria and Albert Museum, Londres.

fond métallique puis soudées. Mais incontestablement, la Géorgie et la Russie du Sud, contrées habitées en ce temps-là par les Sarmates, ont exercé elles aussi une influence importante sur le développement du style polychrome. Après l'invasion des Huns et la destruction de l'Empire gothique, en 375 de notre ère, les Wisigoths traversèrent l'Europe et, de l'est, transmirent à l'ouest l'art du cloisonné. Par l'entremise de plusieurs peuples (les Francs en Gaule, les Lombards en Italie, les Wisigoths en Espagne, les Anglo-Saxons en Grande-Bretagne), c'est tout un style de joaillerie qui fut introduit en Europe occidentale, où se développèrent de nombreuses variantes locales. La pierre la plus utilisée dans ce type d'œuvres était le grenat. On en a trouvé plus de quatre mille, taillés, dans le navire funéraire de Sutton Hoo. L'ardent rougeoiement de cette pierre, accentué souvent par la feuille d'or qui sert de fond, contraste vigoureusement avec les alvéoles voisins remplis soit de lapis-lazuli, soit de verre bleu de cobalt, vert transparent ou de millefiori. Ce qui frappe dans les plus réussis de ces bijoux, c'est la beauté des motifs géométriques que dessinent les lignes d'or, partie visible des cloisons

CI-DESSUS :
Or et rubis, probablement lombard, VIIᵉ siècle après J.-C. Provenance inconnue.
British Museum, Londres.

CI-CONTRE :
Or et pierres bleues. Mérovingien, probablement VIIᵉ siècle après J.-C.
Musée des Antiquités nationales, Saint-Germain-en-Laye.

PAGE DE DROITE :
La «couronne de fer» des rois lombards est un cadeau du pape Grégoire le Grand à la reine Théodolinde (morte en 626). Elle est faite de six plaques d'or reliées entre elles par des fixations verticales et ornées de 26 rosettes en relief, de 22 pierres précieuses et de 24 ornements émaillés. Le cercle de fer, à l'intérieur de la couronne, serait fait d'un clou de la vraie croix. Lombardie.
Trésor de la cathédrale, Monza.

entourant les pierres de diverses couleurs. En l'absence de ces dernières, les entrelacs sont plus complexes encore, consistant souvent en figures représentant des animaux stylisés. Ce style caractérise bon nombre de bijoux de l'époque des invasions barbares ; dans la joaillerie des Vikings, en Scandinavie, il a survécu pendant plus de sept cents ans, jusqu'au XIIe siècle.

La coutume païenne d'enterrer le défunt entouré des objets correspondant à la position sociale qu'il occupait de son vivant - pour un soldat, ses armes, pour une femme, ses objets de parure - ne disparut pas avec l'avènement du christianisme : la plus grande partie des bijoux barbares que nous connaissons proviennent des cimetières et des tombeaux. On sait ainsi que les femmes païennes portaient des broches et des épingles en métal et en os. Elles connaissaient aussi les boucles d'oreilles, bien qu'il soit intéressant

CI-CONTRE :
Détail de l'autel portable que l'empereur Henri II donna à la cathédrale de Bamberg. La pierre de l'autel est une plaque en cristal de roche que sertissent deux rangs de pierres précieuses : améthystes, saphirs, émeraudes et perles. Metz ou Reichenau, environ 1010. Schatzkammer der Residenz, Munich.

PAGE DE DROITE :
à gauche, éblouissant exemple de l'art de l'orfèvre, *la pala d'oro* de Saint-Marc à Venise se compose de quatre-vingt-quatre panneaux émaillés sur fond d'or, d'origine byzantine, racontant l'histoire de Jésus-Christ ;
ils sont parsemés d'un nombre incroyable de pierres précieuses :
300 perles, 400 grenats, 90 améthystes, 300 saphirs, 300 émeraudes et 80 rubis. Art byzantin et italien, X^{e}-XIVe siècle. Saint-Marc, Venise.

à droite, chevalière mérovingienne en or. Autour du chaton flexible, une inscription latine ELENACANA ; au centre du chaton, un monogramme en lettres mérovingiennes UTIG S, soit UTIG SIGNAVIT. Première moitié du XIIIe siècle. Schmuckmuseum, Pforzheim.

de relever qu'en Europe occidentale, contrairement à ce qui se passait dans le monde byzantin, elles cessèrent d'être à la mode de la fin de l'époque païenne à la Renaissance (vers l'an 1500). Les riches portaient des colliers d'or ornés de grenats avec, parfois, un pendentif garni d'incrustations ; les gens moins fortunés se contentaient de colliers en perles de verre colorées et en pierres de moindre valeur. Les bracelets, très fréquents aux temps préhistoriques et à l'époque classique, étaient moins en faveur, peut-être à cause de la mode, répandue partout, des longues manches retenues au poignet. Quoi qu'il en soit, le bracelet ne réapparaît qu'au XVe siècle en Europe occidentale, tandis qu'il est constamment resté populaire chez les Vikings et dans l'Empire byzantin. En revanche, on a souvent trouvé des anneaux dans les tombeaux païens : ils vont du simple fil de bronze ou d'argent tressé extensible à des bagues en or massif, ornées de grenats ou bien niellées. Très prisées étaient les broches, petites ou grandes, portées sur la poitrine ou sur l'épaule, afin de

maintenir la tunique ou le manteau, et les boucles de ceintures et autres accessoires vestimentaires que portaient hommes et femmes de toutes les classes. A la fin du VIe siècle, presque toute la joaillerie byzantine est le reflet d'un Empire christianisé : la croix, les représentations du Christ, de la Vierge et des saints, les paons (symbole du Paradis) ont remplacé les vieux motifs païens. La tradition classique du camée s'est maintenue sans interruption, et en fait, un certain nombre de bagues, de broches et de pendentifs qui sont parvenus jusqu'à nous sont montés avec des camées à sujets religieux qui comptent parmi les trésors byzantins les plus importants. Grâce aux divers alliages utilisés, les artisans obtinrent au choix de l'or rouge, vert ou jaune, qu'ils combinèrent très subtilement aux pierres précieuses de diverses couleurs. Pour plus de légèreté, ils employèrent de préférence l'or fin, adoptant la technique romaine de l'*opus interrasile* - travail de ciselure, de repoussé en relief ou de gravure, alternant sur l'or avec des fonds

PAGE DE GAUCHE :
Statue reliquaire de sainte Foy en bois recouvert de feuilles d'or et d'argent. La statue porte une couronne composée d'un bandeau horizontal et de deux bandeaux verticaux se croisant, terminés chacun par deux fleurons. Elle est ornée de camées antiques, de perles et de pierres précieuses. Outre sa couronne, la sainte porte des boucles d'oreilles en or, décorées de granulation et de filigrane, les pendeloques sont ornées de perles, de cristaux et de grenats. – France, fin du Xe siècle. Abbaye de Conques, Aveyron.

CI-DESSUS :
Globe du Saint-Empire romain germanique, symbole du pouvoir impérial. Il est fait de six plaques d'or soudées, ornées de perles et de pierres précieuses. Allemagne, XIIe-XIIIe siècle. Kunsthistorisches Museum, Vienne

CI-CONTRE :
La bourse de saint Etienne est un reliquaire qui, d'après la tradition, contenait de la terre imbibée du sang d'Etienne le martyr. La partie centrale en bois recouvre des espaces vides qui ont dû contenir des reliques. La bourse est en bois recouvert de feuilles d'or ; le dessus est en argent doré, pierres précieuses et perles. Les côtés sont ornés de médaillons. – Reims (?), premier tiers du IXe siècle. Kunsthistorisches Museum, Vienne.

La Briolette des Indes

Ce diamant de 90,38 carats emprunte son nom à la façon dont il est taillé. La tradition veut qu'il ait appartenu à Aliénor d'Aquitaine qui l'aurait reçu, à l'époque de la seconde Croisade (1146-1149), de son époux Louis VII, roi de France. Si cette histoire est vraie, c'est le plus ancien diamant dont il ait été fait mention, plus vieux même que le *Koh-i-noor*.
On dit aussi que Richard Cœur de Lion, fils d'Aliénor, l'emporta avec lui quand il partit pour la troisième croisade ; fait prisonnier par Henri IV d'Autriche, il s'en servit probablement en guise de rançon. On retrouve la trace de ce diamant quelques siècles plus tard sur un portrait de Diane de Poitiers, maîtresse du roi Henri II. Il semble bien que le bijou ait appartenu au roi sans qu'on puisse savoir d'où il le tenait.
Ce diamant disparut ensuite pendant quatre cents ans jusqu'au moment où, en 1950, un maharajah hindou le vendit à Harry Winston, bijoutier new-yorkais. Depuis lors, il a été vendu deux fois et se trouve actuellement dans une collection privée.
Il est surprenant que le plus vieux diamant connu ait appartenu à deux femmes célèbres, l'une pour avoir encouragé l'amour courtois et la poésie des troubadours, l'autre pour avoir laissé une réputation de beauté et de jeunesse éternelle.

CI-CONTRE :
La croix de Bérenger est en or pur, ornée de 126 pierres précieuses (grenats, hyacinthes, émeraudes et perles), disposées en ordre symétrique sur les bras égaux de la croix et autour d'un gros cabochon de saphir. – Art carolingien, IXe siècle.
Trésor de la cathédrale, Monza.

unis ou découpés à jour - et montrant une égale habileté pour le filigrane et la granulation. L'ancienne technique du nielle fut abondamment utilisée à Constantinople, en particulier pour les anneaux de mariage et pour ceux qui ornaient le doigt des fonctionnaires de la Cour impériale. Fait plus important encore, les orfèvres byzantins créèrent l'émaillerie cloisonnée sur or - dans laquelle les motifs sont circonscrits par des cloisons d'or qui, dressées verticalement sur un fond de même métal, retiennent la matière vitrifiée. Le pourtour des petites bandes de métal formait des motifs abstraits, des personnages, des animaux ou des fleurs. Dans un certain sens, le cloisonné fait penser à une mosaïque en miniature et, en joaillerie, il a permis d'étendre considérablement le champ de la polychromie, ce qui répondait parfaitement au goût byzantin pour une prodigalité tout orientale et les effets somptueux. Les membres des classes aisées, comme les dignitaires de la Cour impériale, portaient des robes raides, richement

CI-CONTRE :
Le talisman de Charlemagne, enseveli avec la dépouille de l'empereur, en 814, à Aix-la-Chapelle, est formé de deux gros saphirs ovales taillés en cabochon, montés dos à dos. Il est orné d'émeraudes, de grenats et de perles montés sur un filigrane d'or. Ce talisman contient une relique de la vraie croix. – Trésor de la cathédrale, Reims.

brodées, sur lesquelles étaient cousus des perles, des pierres précieuses et même des médaillons en or ; sur ces vêtements, ils arboraient des bijoux qui devaient attirer l'attention de loin déjà, à la fois par de violents effets de lumière et de couleur et par leurs dimensions. On comprend qu'il devenait superflu, dès lors, de continuer à suivre l'ancienne tradition grecque de finesse et de perfection dans le détail. De plus, nous savons par divers écrits que les riches ne portaient pas dans la rue leurs bijoux de prix, en or et en pierres précieuses, mais des bijoux plus ordinaires en bronze doré, ornés de pierres de moindre valeur.

En Europe occidentale, aux environs de l'an mille de notre ère, la culture byzantine servait de modèle à la société aristocratique de l'Empire othonien. Les bijoux prirent une place d'une importance toute nouvelle dans les palais épiscopaux et impériaux, ainsi que dans les monastères. Un des groupes de bijoux othoniens les plus importants – ceux qui appartenaient

CI-DESSOUS :
La couronne d'or du Saint Empire romain germanique. Allemagne, 962. Kunsthistorisches Museum, Vienne.

CI-CONTRE :
Broche à l'aigle, dite aussi Broche de Gisèle, en or émaillé, provenant du trésor de l'impératrice Gisèle, femme de Conrad II (990-1039). Allemagne, vers 1025. Mittelrheinisches Landesmuseum, Mayence.

CI-DESSOUS :
L'impératrice Cunégonde, fille de Siegfried, comte de Luxembourg, et femme de l'empereur Henri II, portait une couronne en or de type lombard, faite de cinq plaques rectangulaires, décorées de filigranes et ornées de saphirs, de rubis, d'améthystes, de perles, de topazes et chrysolithes. Les plaques sont réunies par des charnières. – Metz (?), vers 1010-1020. Schatzkammer der Residenz, Munich.

à l'impératrice Gisèle et qu'elle porta vraisemblablement lors de son mariage avec Conrad II, célébré à Rome. en 1027 dans un déploiement inouï de pompe et de splendeur – sont une copie délibérée des bijoux de la Cour de Byzance ; ainsi, par exemple, le grand ornement pectoral comprenant six rangs de chaînes d'or, des gemmes antiques gravées et des perles est-il la copie du *maniakion* ou collier byzantin orné de bijoux disposés symétriquement. Les bijoux othoniens se distinguent souvent par un beau cloisonné et des filigranes très élaborés, mais à l'encontre de ce qui se passe dans les bijoux byzantins, les pierres ne font pas corps avec le fond : elles semblent simplement retenues par des griffes, si bien que la lumière les traverse de part en part ; cette technique, qui met en valeur les gemmes, a été utilisée tout au long du Moyen Age.

CI-DESSOUS :
Cette fibule d'or, d'argent et d'émail porte un nom gravé : Uffila. Elle a été trouvée à Wittislingen sur le Danube. Quant à sa forme, elle appartient au type le plus courant : tête élargie en éventail, gorge formant un arc convexe et partie inférieure plate (à gauche). Les plus petites fibules n'ont que quelques centimètres, les grandes atteignent 30-35 centimètres.
– Epoque barbare, VIIe siècle après J.-C.
Bayeriches Nationalmuseum, Munich.

PAGE DE DROITE :
En forme de S, cette fibule polychrome en or est incrustée de pierres précieuses en cloisonné. Art mérovingien, VIIe siècle. Museo Archéologico Nazionale, Cividale del Friuli.

CI-CONTRE :
Or et intaille en jaspe. Italie, XIIIe ou début XIVe siècle, trouvée dans l'église de Santa Maria in Comedia à Suessa Arunca près de Naples en 1845.
Victoria and Albert Museum, Londres.

PAGE DE DROITE :
La délicate fantaisie de l'art gothique apparaît dans ce pendentif en forme de feuille de lierre. Il porte à l'avers un dessin émaillé, représentant une branche feuillue sur laquelle des oiseaux sont perchés et, au revers, en forme de losange, les armoiries de Philippe de Tarente, second fils du roi Charles II, de Naples.
Fin du XIIIe siècle ; probablement l'œuvre d'un orfèvre français de Naples.
Museo Archeologico Nazionale, Cividale del Friuli, Italie.

La joaillerie othonienne se fit progressivement plus solide et plus massive à partir de 1100 environ ; bien que l'émaillage cloisonné disparût graduellement, le champlevé était d'un usage encore très restreint. Jusqu'au XIIIe siècle, on ne constate pas d'évolution importante. Durant cette période, l'habillement masculin et féminin se modifia, jusqu'à ne plus se distinguer l'un de l'autre. La coupe simple des lourds habits de laine allant jusqu'à la cheville - le vêtement de dessous à longues manches, la simple tunique, à manches plus courtes, et le manteau très long recouvrant le tout - n'était guère de nature à inspirer les joailliers. La boucle de ceinture était spécialement ornée, souvent travaillée en haut-relief, ce qui lui donnait l'aspect d'une véritable sculpture. C'est cependant l'agrafe ou le fermail, servant à retenir sur la poitrine les deux pans du manteau, qui constitua, à l'époque, l'ornement le plus répandu. Il a souvent la forme d'un médaillon de grand format, avec des incrustations de perles, de rubis et de saphirs. Plus d'un écrit fait allusion à ce genre de fermail, resté populaire tout au long des XIIIe et XIVe siècles.

CI-DESSUS :
à gauche, broche en or, ornée de rubis et, au centre, d'un camée en onyx à motif animalier.
Espagne, XIVe-XVe siècle.
Victoria and Albert Museum, Londres.

à droite, broche ronde en or, ornée de rubis et de saphirs ; le revers est décoré d'une guirlande et niellé.
France, XIIIe siècle.
Victoria and Albert Museum, Londres.

Les bijoux gothiques reflètent bien l'idéal chevaleresque si important au Moyen Age et le culte de la femme. Le bijou est le cadeau que se font les gens qui s'aiment et il prend une signification éminemment personnelle. Les anneaux et les broches sont souvent ornés de dédicaces et de devises amoureuses louant la beauté de la femme comme un don divin et glorifiant l'amour courtois. A la fin du XIIIe siècle, les orfèvres français et italiens utilisèrent de nouveau l'émail pour décorer leurs bijoux, mais de manière différente. La nouvelle technique, la basse-taille, consiste à ciseler avec un faible relief une plaque d'or et à la recouvrir ensuite d'émaux translucides. La coloration de l'émail apparaît ainsi sur les sujets ciselés, que l'on aperçoit en transparence. En outre, le métal réfléchit la lumière, donnant ainsi aux émaux une qualité de brillant toute particulière. L'intensité des tons croissant avec l'épaisseur de la pâte vitreuse, on obtient également de curieux effets de reliefs. Inspirés des modèles français et italiens, les émaux translucides sur relief atteignirent un haut

CI-CONTRE :
Ce camée représente probablement Robert, Seigneur de Masmines, qui fut admis dans l'Ordre de la Toison d'Or en 1431. Bourgogne, vers 1440. Schatzkammer der Residenz, Munich.

degré de perfection dans les pays rhénans. Les médaillons, que l'on arborait soit comme pendentifs, soit cousus sur le vêtement, ainsi que de petits reliquaires destinés à être portés en sautoir, étaient émaillés selon cette technique sur des reliefs représentant des scènes profanes ou religieuses. Au cours du XIVe siècle, les bijoux de dévotion devinrent d'ailleurs de plus en plus à la mode. Avant le début du XVIe siècle, la plupart des pays européens avaient édicté des lois restreignant le port des bijoux, considérés comme signes du rang. En Angleterre, Edouard III interdit en 1363 aux artisans et aux petits propriétaires ruraux (ainsi qu'à leurs femmes et à leurs enfants) les bijoux d'or ou d'argent ; il refusa également aux chevaliers le droit de porter des anneaux et des broches en or ou ornées de pierres précieuses. A la même époque, les membres des familles royales et les nobles portaient, sur des étoffes de soie et des

CI-CONTRE :
Médaillon de chapeau en or émaillé avec portrait du jeune empereur Charles Quint, vers 1520, peu après son couronnement. Flandres, vers 1520. Kunsthistorisches Museum, Vienne.

brocarts de plus en plus beaux, ou encore des fourrures de prix, des bijoux de plus en plus somptueux en nombre croissant. Dans le domaine de l'habillement et de l'ornement, l'idée d'un privilège lié à la classe sociale reste très ancrée jusqu'à la Révolution française. Une nouvelle étape débute dans l'histoire des bijoux lorsque, ne faisant plus partie du vêtement, ils deviennent peu à peu de dispendieux objets d'ornement, considérés pour eux-mêmes, soumis à une mode et souvent portés dans le seul but d'éblouir autrui.

Dans les cours d'Europe, le luxe, chaque jour plus ostentatoire, atteignit son apogée sous Charles IV (1380-1422) et Jean, duc de Berry, son oncle (mort en 1416). Mais c'est en Flandre, à la Cour des ducs de Bourgogne, Philippe le Bon (1419-1467) et Charles le Téméraire (1467-1477) qu'on rencontre le plus d'opulence. En 1454, lors d'un cortège à Lille, le duc portait des bijoux évalués à plus d'un million de thalers ; la Cour de Bourgogne était alors la plus riche du monde et ces joyaux princiers représentaient aussi un capital susceptible d'être réalisé en cas de besoin.

CI-CONTRE :
En forme d'étoile, cette broche est ornée de perles et de pierres précieuses. Italie du Nord, vers 1450. Museo di Castelvecchio, Vérone.

CI-DESSOUS :
Broche avec perles et pierres précieuses. Rappelons ici que le saphir était la pierre gothique par excellence : sa couleur bleue était constamment imitée par les orfèvres au moyen d'émaux translucides. Italie du Nord, milieu du XIVe siècle. Museo di Castelvecchio, Vérone.

Dans la nouvelle mode, l'or et les pierres précieuses dominaient. La demande de gemmes fut telle qu'on fit passer des lois interdisant l'usage des fausses perles et des imitations de pierres ; en 1355, défense fut faite aux joailliers français de mélanger des perles d'eau douce aux perles d'Orient et de placer une mince feuille de métal sous les améthystes et les escarboucles pour en exalter la couleur. On raconte que le duc de Berry interrompit brusquement une discussion importante touchant les affaires de l'Etat qu'il avait avec le roi son neveu, afin de recevoir deux marchands vénitiens qui venaient d'arriver avec un lot de pierres précieuses. On découvrit à cette époque une meilleure technique pour tailler les diamants et la création de la taille à facettes planes (diamant en table) provoqua un accroissement soudain de la popularité de cette pierre au XVe siècle. La taille en

CI-DESSOUS :
Le «Cygne de Dunstable», bijou en or en forme de cygne dont les ailes sont couvertes d'émail blanc. Autour du cou, collier-couronne prolongée par une chaînettte avec anneau. Le cygne était l'emblème des descendants de Godefroi de Bouillon, «le chevalier au cygne». – Objet français ou anglais trouvé en 1965 à Dunstable, Bedfordshire (Grande-Bretagne).
Début XVe siècle.
British Museum, Londres.

CI-DESSUS :
à gauche, anneau cultuel juif, utilisé lors de la cérémonie du mariage. La forme architecturale symbolise l'arche de l'alliance. Une inscription en hébreu est gravée qui signifie «Soyez heureux». C'est un des rares exemples de ce type d'anneau. – Allemagne (?), vers 1500. Schatzkammer der Residenz, Munich.

à droite, le motif du pélican, fréquent dans la symbolique religieuse, figure aussi sur des bijoux laïques. Celui-ci a été trouvé dans la Meuse ; il est en or, avec un rubis. – Objet flamand, XVe siècle. British Museum, Londres.

table s'étendit rapidement aux autres pierres, qu'on avait jusqu'à présent présentées en cabochons. C'est à cette époque que les habiles diamantaires des Pays-Bas jetèrent les bases de leur futur empire. La qualité du travail des artisans, l'originalité du dessin, de la disposition de l'or et des pierres précieuses, ne furent jamais autant appréciées que par les mécènes des cours royales ou ducales. On fit grand usage d'une technique qui consistait à travailler l'or en ronde- bosse ou en très haut relief et à le recouvrir de couches d'émail de diverses couleurs. La précision et le réalisme avec lesquels sont rendues en miniature les formes humaines s'allient souvent à un lyrisme tendre qui ne survécut pas au XVe siècle. La qualité proprement picturale de ces broches et pendentifs annonçait une approche toute nouvelle de ce genre de bijoux, qui allait s'épanouir durant le XVIe siècle grâce aux orfèvres de la Renaissance. La demande de colliers et de pendentifs se fit croissante au fur et à mesure que descendait, durant la seconde moitié du XVe siècle, la ligne du décolleté des vêtements féminins - en dépit des lois somptuaires interdisant de «découvrir la nuque et les épaules» ; on aboutit ainsi aux grands décolletés en carré du XVIe siècle, époque à laquelle les pendentifs remplacèrent presque complètement les broches.

CI-DESSOUS :
Détail d'un portrait de Richard III, Angleterre, peint en 1542.
Collection royale.
Windsor Castle.

PAGE DE DROITE :
Pendentif à l'éléphant qui porte sur son cou un cornac et sur son dos un piédestal fait d'un rubis spinelle et surmonté d'un lion en or émaillé.
Munich, vers 1560.
Schtzkammer der Residenz, Munich.

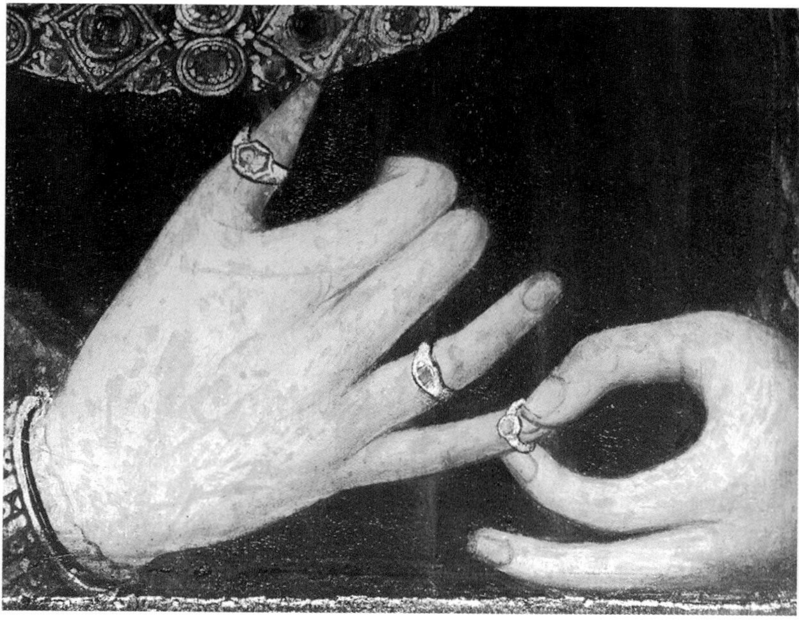

De la Renaissance au Rococo

CI-CONTRE :
Bague d'or décorée de quatre oiseaux, symbolisant l'immortalité de l'âme. Dans la tribu des Baoulé, l'anneau n'était porté que par le chef du village, qui en était aussi le chef religieux. Ghana. Collection E. Storrer, Zurich.

Dans l'Italie de la Renaissance, les bijoux cessèrent pendant un court laps de temps d'être portés comme un symbole de rang. On les considéra alors comme un moyen de rehausser la beauté du corps féminin. La découverte de la beauté, du nu - comme celle d'un homme nouveau, chez qui les actes et les mérites sont plus déterminants que la naissance - se fit dans la Florence renaissante du XVe siècle et de là se répandit dans les grandes villes d'Italie par les Cours de Ferrare, de Mantoue et d'Urbino. Soudain, les cheveux, très longtemps cachés sous des bonnets, des guimpes ou d'autres coiffes compliquées, se montrèrent. Nattés et relevés afin de mettre en valeur la beauté de la nuque ou bien laissés flottants, en tresse ou épars, ils furent mêlés de perles, ou ornés de pierres précieuses, de rubis surtout. Un fin ruban au centre duquel brillait une pierre précieuse soulignait la douceur de la courbe d'un front haut ; de même un cou long et mince était mis en valeur par un rang de perles ou un collier, dont le pendentif

CI-CONTRE :
Bague en diamant et en émail ; le chaton, une fois ouvert, laisse voir un cœur. Italie, XVIe siècle. Museo Poldi Pezzoli, Milan.

CI-DESSOUS :
Bague délicatement ornée d'émail et de perles. Le chaton peut s'ouvrir, sa face interne est également ornée d'or. – Italie, XVIe siècle. Museo Poldi Pezzoli, Milan.

PAGE DE GAUCHE : Les thèmes mythologiques inspirèrent souvent les joailliers durant la Renaissance. Ici, l'enlèvement d'Europe constitue le motif central du pendentif en or émaillé, travaillé en ronde-bosse. Une perle baroque forme une partie du corps du taureau. Ce bijou, dont la composition était très à la mode en Italie au XVIe siècle, est dans le style de Benvenuto Cellini. Italie, XVIe siècle. National Gallery of Art, Washington.

CI-CONTRE : Couvercle du portrait de Jacques Ier par Nicolas Hilliard. Ce cadeau récompensait Thomas Lyte, qui avait établi l'arbre généalogique du roi, en le faisant remonter sans interruption jusqu'à Brutus le Troyen, fondateur légendaire de la nation britannique.

rehaussait la beauté de la gorge. Une fois de plus, les boucles d'oreilles, formées de perles le plus souvent, reviennent à la mode ; on portait des bagues, mais rarement plus de deux ou trois à la fois, alors qu'à la fin de l'époque gothique, la mode voulait qu'on en arborât plusieurs à chaque doigt et même au pouce. Si la joaillerie de la Renaissance ne constitue en aucune façon la réédition de la joaillerie classique (sauf en ce qui concerne les camées), le répertoire des motifs décoratifs (amours, dauphins, satyres, arabesques, etc.) diffère complètement de celui de l'époque gothique. Les hommes portent moins de bijoux, toutefois les médaillons, broches d'orfèvrerie ou enseignes (*medaglie*) qui ornaient leur chapeau devinrent très populaires ; quelques-uns représentaient des sujets

CI-CONTRE :
Bague en or et saphir, XIVᵉ siècle, Angleterre. Proviendrait de la tombe de William Wylesey, archevêque de Canterbury. Victoria and Albert Museum, Londres.

CI-DESSOUS :
Dans sa dot, la princesse Blanche d'Angleterre apportait, en 1402, une très belle couronne décorée de saphirs, de rubis, d'émeraudes et de perles. Le dessin est une transposition de thèmes naturels en motifs abstraits. France ou Angleterre, XIVᵉ siècle. Schatzkammer der Residenz, Munich.

PAGE DE DROITE :
Henri VIII, par Hans Holbein. Cette œuvre révèle la passion immodérée du roi pour les bijoux. Leurs formes et leurs couleurs s'harmonisent avec les étoffes. Les chatons des bagues d'Henri VIII étaient habituellement décorés de dessins assortis à ceux de ses somptueux colliers. Le bord de ses chapeaux était aussi garni de bijoux. National Portrait Gallery, Londres.

CI-DESSUS :
Anneau papal en bronze doré avec une améthyste montée sur une feuille d'or rouge. Sur le cercle, en relief, on voit les quatre symboles des Evangélistes, une tiare, le nom du pape Pius (PAPH PIO), des clefs croisées et les armes des Piccolomini. On portait probablement cet anneau pendu à un cordon autour du cou. Italie, XVe siècle. Schmuckmuseum, Pforzheim.

CI-CONTRE :
Splendide exemplaire des rosaires de la fin du XVe siècle et du début du XVIe siècle ; ils étaient généralement formés de grains, chacun d'eux s'ouvrait et présentait deux reliefs sculptés ou émaillés. Ce magnifique exemplaire est fait de grains d'agate qui s'ouvrent sur des reliefs émaillés représentant des scènes de la vie du Christ. La plupart de ces rosaires ont été cassés et réutilisés à d'autres fins ; ils sont donc rares. Art italien, probablement début du XVIe siècle.
Musée du Louvre, Paris.

CI-CONTRE :
La crosse est la houlette du pasteur ; elle symbolise l'autorité, mais surtout la responsabilité spirituelle et matérielle du supérieur envers son troupeau. Ici, sur cette crosse d'abbesse, le motif de saint Georges combattant le dragon est plein de sens ; l'abbesse doit avoir la force et le courage de protéger ses nonnes contre l'esprit du mal et elle se met sous la protection de saint Georges. Bohême, XVIe siècle. Trésor du château de Prague.

religieux, mais les plus nombreux s'inspiraient de la mythologie classique. Benvenuto Cellini (1500-1571) a décrit l'application et le soin avec lesquels il modelait et émaillait ces scènes, sculptures miniatures en haut-relief, afin d'égaler les créations de son grand rival Caradosso (mort en 1527). Cette période - qui coïncide avec le début de la Renaissance - durant laquelle corps, vêtement et parure entretinrent des rapports de parfaite harmonie, ne dura pas longtemps. Lui succéda un âge caractérisé par une magnificence sans précédent. Ce nouveau style marqua la mode masculine aussi bien que féminine. Il fut dicté par la Cour d'Espagne, toute pleine de la gloire que lui valaient ses possessions du Nouveau Monde. L'épiderme humain disparaît sous les lourds brocarts et les velours au raide maintien. Les principales

CI-DESSUS :
à gauche, boutons et épingles à cheveux. Londres, 1590-1600. British Museum, Londres.

à droite, ce pendentif est en or émaillé garni de quatre perles. Le motif émaillé représente Joseph sorti du puits par ses frères. Le verso comporte une gravure dans le style d'Estienne Delaune. Angleterre, vers 1550. British Museum, Londres.

CI-CONTRE :
Il était courant qu'un roi fasse cadeau de son portrait à celui de ses sujets qu'il voulait honorer. On voit ici un de ces portraits, celui de Jacques Ier peint par Nicolas Hilliard, et offert par le roi à Thomas Lyte de Lyte's Cary, Somerset. Ce bijou est en or enrichi de diamants ; le couvercle est orné de la lettre R, initiale du mot *rex*. Angleterre, vers 1610. British Museum, Londres.

PAGE DE GAUCHE : Or, Allemagne (?). Vers 1570. Bague articulée laissant apparaître un cadran solaire. Collection privée, Suisse.

couleurs sont le noir, le pourpre et le violet ; le visage et les mains restent seuls visibles, d'ailleurs strictement enserrés, celles-ci dans les manchettes, celui-là dans les fraises et les hautes collerettes de dentelle d'où pendent des ornements. L'allure austère propre à la *grandeza* lointaine et imposante était admirablement complétée par une profusion de perles et de bijoux somptueux qui ne laissaient subsister aucun doute sur le rang de celui qui les portait. En Angleterre, Jacques Ier (1603-1623) n'était pas moins recouvert de bijoux que la reine Elisabeth, sa cousine, qui l'avait précédé sur le trône. De lourdes chaînes d'or émaillé, avec des émeraudes taillées en tables,

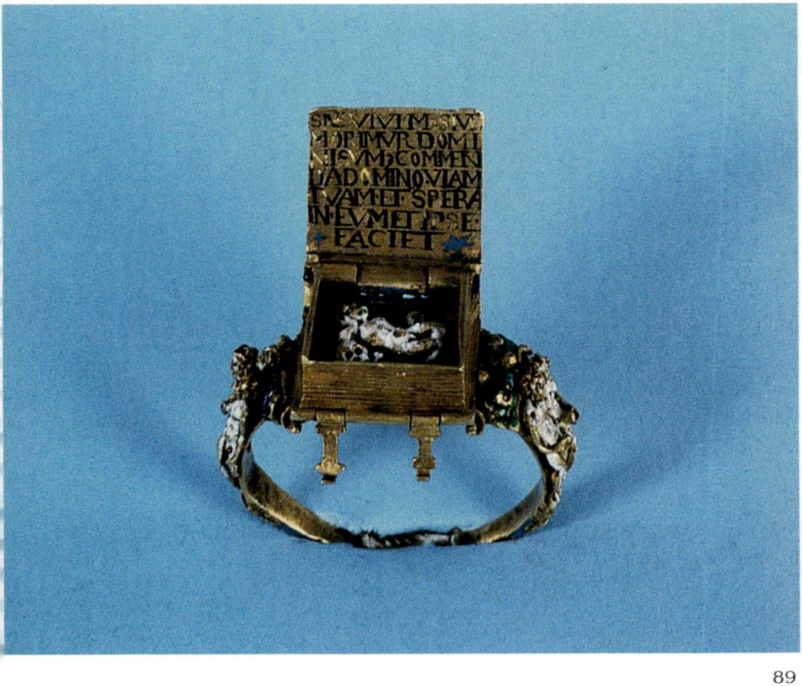

CI-DESSOUS : Or, émail et pierres. Allemagne, XVIe siècle, British Museum, Londres.

PAGE DE GAUCHE : Ce pendentif représente le buste de Cléopâtre. Il est en or et en émail, et orné de rubis, d'émeraudes et de diamants. Le visage et les mains sont taillés dans une hyacinthe ; une vipère en émail vert et bleu s'enroule autour de son bras droit. Allemagne, XVIe siècle. Schatzkammer der Residenz, Munich.

CI-DESSOUS : Bague et montre formant un seul bijou, portant le monogramme IHS. Pour l'époque, cette montre est un véritable chef-d'œuvre de miniaturisation. Augsbourg (?), vers 1580. Schatzkammer der Residenz, Munich.

des perles, des diamants et des rubis formaient vraisemblablement l'élément le plus caractéristique de cette «mode espagnole» (de 1540 à 1630 environ). Mais ce sont les pendentifs massifs décorés de scènes - petits miracles d'ingéniosité - que l'on accrochait à des chaînes ou fixait aux vêtements et aux manches qui permirent à l'activité créatrice de se déployer au maximum. Utilisant, outre l'or, l'émail et les pierres précieuses, de grosses perles de forme irrégulière, dites perles baroques, pour figurer, par exemple, un torse humain ou une partie du corps d'un animal, les orfèvres de l'époque donnèrent naissance à des créatures fabuleuses : sirènes, tritons, hippocampes, monstres marins, etc. Ces pièces, qui marient la perfection technique de l'orfèvre à l'évocation des mystères enfouis dans la nature, résument bien une époque fertile en découvertes et en explorations.

CI-CONTRE :
Or, émail et camée en onyx. Angleterre, fin du XVIe siècle. Cette bague appartient à un groupe de pendentifs et de bagues serties de camées représentant la reine Elisabeth Ière.

Au XVIIe siècle, les Pays-Bas, puis la France de Louis XIV (1661-1715) supplantèrent l'Espagne à la tête de l'Europe ; l'extrême raideur et la contrainte qui avaient envahi la mode disparurent et, avec elles les vertugadins et les faux-culs. Ce fut alors l'époque des décolletés profonds et des étoffes souples, sur lesquelles on portait relativement peu de bijoux, restreints à une parure (comprenant collier, boucles d'oreilles, pendentif, bracelet assortis, etc.) ou quelques rangs de perles. La profession de joaillier se distingua nettement de celle d'orfèvre et le diamant devint la plus prisée des pierres précieuses. Des gisements qu'on venait de découvrir aux Indes, à Golconde et à Hyderabad, les diamants parvinrent en Europe par les compagnies néerlandaises de navigation marchande.

PAGE DE DROITE :
Portrait de la reine Elisabeth Ière. Comme son père, Henri VIII, elle portait un intérêt immodéré aux bijoux. On la voit ici littéralement couverte de perles et de pierres précieuses. Collection Parham Park, Pulborough, Sussex, Angleterre.

Le Rubis du Prince noir

Ce rubis est en fait un spinelle. Il figure au nombre des joyaux de la Couronne britannique. C'est une pierre de forme irrégulière, sa surface ayant été simplement polie. Longue de deux pouces, elle a été percée à l'une de ses extrémités, mais le trou est comblé par un petit rubis. L'histoire de cette pierre ne le cède à nulle autre ; elle a été souvent écrite et plus encore embellie par de nombreux écrivains. Voici la version habituelle : vers 1360, Pierre le Cruel de Castille assassina le roi de Grenade pour s'emparer de ses bijoux, y compris ce gros rubis. Par la suite, Pierre l'offrit en signe de reconnaissance au Prince Noir, fils d'Edouard III, après la victoire de Najera en 1367. On dit que cette pierre aurait été portée par Henri V à Azincourt et par Richard III à Bosworth. Elle fut ensuite placée sur diverses couronnes royales par les Tudor et les premiers Stuart. Sous la république de Cromwell, on ordonna de vendre tous les bijoux de la Couronne ; le rubis disparut à ce moment-là. Que devint-il ? On ne sait. Plus tard, lors de la restauration de la monarchie, ce rubis reçut une place de choix dans la couronne de Jacques II. Il est exposé à la Tour de Londres avec les autres joyaux de la Couronne.

CI-DESSUS :
Or, émail et
cristal de roche gravé.
1548-1558. France (?).
Chevalière aux armes de
Marie Stuart, reine d'Ecosse.
British Museum, Londres.

PAGE DE GAUCHE :
Détail d'un portrait
d'Isabelle de Bourbon,
reine d'Espagne.

CI-CONTRE :
Détail d'un portrait
d'Anne-Cécil,
Comtesse de Stamford.

Le dessin prit un caractère de plus en plus naturaliste, avec une prédilection marquée pour les motifs floraux, qui bannirent les représentations humaines et animales. Les hommes portaient assez rarement une bague au doigt mais exhibaient volontiers, en revanche, des boutons d'habits en diamants (taillés en rose). On dit que Louis XIV avait 1824 diamants sur sa veste et son justaucorps.

PAGE DE GAUCHE :
Charles Ier aurait perdu ce bijou-trophée en or émaillé orné de rubis à la bataille de Naseby, le 14 juin 1645. Il représente un chevalier portant une épée et un bouclier entouré d'un trophée d'armes ; un lion est couché à ses pieds. Allemagne, vers 1615. John Soane's Museum, Londres.

CI-CONTRE :
Un insigne de l'Ordre de la Toison d'Or en grenats d'Orient, brillants, rubis et or. Pour réaliser de magnifiques compositions, les rois employaient les plus belles pierres de leurs collections. Ces insignes étaient de luxueuses récompenses honorifiques. Allemagne, vers 1760-1770. Schatzkammer der Residenz, Munich.

Le Sancy

L'histoire du *Sancy* est longue et compliquée, d'une part en raison du manque de données, d'autre part parce que deux diamants connus sous le nom de Sancy ont été confondus dans plusieurs relations historiques.

Découvert aux Indes et taillé selon les techniques de l'époque, ce diamant de 55 carats parvint en Turquie où Nicolas Harlai de Sancy, ambassadeur de France, l'achète en 1570, et l'emporte en France. Le seigneur de Sancy devint plus tard surintendant des Finances.

Le roi Henri III lui emprunta le diamant puis le lui rendit. Sancy voulut transférer son diamant à l'étranger, un messager fut chargé de porter la pierre mais ne parvint jamais à destination. Sancy se mit à sa recherche, trouva son cadavre : des voleurs avaient assommé le messager, le diamant avait disparu. Connaissant la loyauté du messager, Sancy pensa qu'au moment du danger celui-ci pouvait fort bien avoir avalé le diamant pour ne pas le laisser aux mains des brigands.

Sancy fit disséquer le cadavre et rentra en possession de son bien. Sancy parvint à envoyer le diamant à son frère, ambassadeur à Londres, qui le vendit à Jacques Ier en 1604 .

Il sera mentionné dans l'inventaire des joyaux de la Couronne britannique en 1605, comme *«un diamant féerique, taillé en facettes, acheté à Sancy»*. En 1722, il est placé au faîte de la couronne du roi Louis XV. Plus tard, le Sancy est utilisé comme bijou par Marie-Antoinette.

Le Hope

Ce grand diamant d'un bleu intense est peut-être la pierre qui a la plus mauvaise réputation. Un grand nombre de ses possesseurs furent malmenés par le sort si bien que l'on croit à un maléfice. Le *Hope* fut découvert en Inde ; non taillé, il pesait 112 carats. Il parvint en France en 1668 avec la réputation de porter malheur, un voleur l'ayant dérobé à une statue de Sita, déesse hindoue et épouse de Rama.
Tavernier, qui avait rapporté ce diamant des Indes, le vendit à Louis XIV qui le fit tailler en une pierre de 67 carats, en forme de cœur, et l'appela le *Diamant de la Couronne. A son retour en Inde*, Tavernier fut, dit-on, déchiré par des chiens sauvages. Louis XVI et Marie-Antoinette héritèrent ce *Bleu de France*, comme on l'appelait familièrement. Tous deux furent guillotinés à la Révolution. En 1792, cette pierre fut volée avec tous les autres joyaux de la Couronne de France. On en retrouva quelques-uns, mais point le *diamant bleu*.
En 1830 à Londres, on vit apparaître sur le marché un diamant de 44,5 Carats d'un bleu intense, de forme ovale ; les experts s'accordèrent à déclarer que c'était le *Bleu de France* retaillé pour dissimuler son identité. Il fut acheté par Henri Hope et connu depuis lors sous le nom de diamant *Hope* ; il est portée par la reine Marie-Louise d'Espagne dans un portrait que Goya fit d'elle en 1800. Des bruits courent, selon lesquels le diamant volé aurait été taillé sous sa forme nouvelle par Wilhelm Fals, diamantaire hollandais. Fals serait mort de chagrin en apprenant que son fils Hendrick lui avait dérobé la pierre. Pour finir, Hendrick se suicida. Le *Hope* fut vendu chez Christie's, en 1867, et depuis lors, changea plusieurs fois de mains. Un prince d'Europe orientale l'offrit à une actrice des Folies-Bergère, qu'il tua plus tard d'un coup de revolver. Un Grec, possesseur de la pierre, se tua avec toute sa famille dans un accident d'automobile. Le sultan Abdulhamid II n'était que depuis quelques mois en possession de ce diamant quand une révolte de l'armée le chassa du trône en 1909.
Evelyn Walsh McLean, riche excentrique américaine de Washington, acheta le *Hope* en 1911. Son fils fut tué par une automobile, son mari mourut dans un hôpital psychiatrique et sa fille décéda en 1946, pour avoir absorbé une trop forte dose de somnifères.
Aprés la mort de Mrs. McLean en 1947, le bijoutier new-yorkais Harry Winston acheta ses bijoux, y compris le *Hope*. Il fit don de ce diamant à la Smithsonian Institution, à Washington, en 1958.

CI-CONTRE :
Bague en or et émail, Flandres.
Début du XVIIe siècle.
British Museum, Londres.

PAGE DE DROITE :
Bague, or et émail. Autriche.
Milieu du XVIIe siècle.
Victoria and Albert Museum, Londres.

Vers le début du XVIIIe siècle, avec le développement du style rococo, le costume devint plus vaporeux. On se mit à porter moins de bijoux, sauf dans les soirées où les dames portaient des aigrettes, des parures et des «sévignés», broches de corsage entièrement couvertes de diamants. Vers 1720, les pierres de couleur passèrent complètement de mode. A partir de 1725, les mines de diamants du Brésil produisirent des pierres en grandes quantités et les nouvelles techniques de taille aboutirent à la taille en brillant qui augmente encore l'éclat des parures. Pour la monture des diamants, on utilisait l'argent de préférence à l'or, jugé trop éclatant. Le décor émaillé jusqu'alors à la mode perd également de son importance. Chez les hommes, seuls les insignes ornés de pierres des divers ordres et sociétés auxquels ils appartenaient faisaient pendant aux aigrettes de diamants que portaient les dames.

son sacre en 1722, et Marie-Antoinette le porta fréquemment comme bijou.

En 1792, le diamant fut volé avec le *Bleu de France* et d'autres joyaux de la Couronne. Contrairement à bon nombre d'entre eux, on le retrouva rapidement.

En 1797, il fut mis en gage par le gouvernement, mais racheté cinq ans plus tard.

Pour son sacre en 1804, Napoléon Bonaparte fit sertir ce grand diamant dans la garde de son épée.

Lors du couronnement de Charles X en 1825, le *Régent* ornait la couronne royale et il y resta jusqu'au jour où on le plaça sur le diadème de l'impératrice Eugénie.

En 1887, les joyaux de la Couronne française furent vendus aux enchères, à l'exception du *Régent* qui prit le chemin du Louvre, où il se trouve encore aujourd'hui.

Pendant la Seconde Guerre mondiale, on le dissimula dans du plâtre, derrière le marbre d'une cheminée du château de Chambord.

Après les hostilités, il a repris sa place initiale.

CI-CONTRE :
Cette épingle de chapeau en argent doré, composée de brillant encerclant d'autres brillants taillés en roses, appartenait à Max III Joseph de Bavière. Œuvre de l'orfèvre J. Staff, Munich, 1765. Schatzkammer der Residenz, Munich.

CI-CONTRE :
Max III Joseph de Bavière, ornait son chapeau de cette boucle de brillants, de rubis et d'argent doré, signe de l'Ordre des chevaliers de Saint-Georges. Allemagne, 1760. Schatzkammer der Residenz, Munich.

CI-CONTRE :
En Serbie, au XVIIe siècle, les hommes de la classe aisée portaient des ceintures de cuir décorées d'agates, de pierres de couleur et d'ongles nacrés. Les artisans de l'époque obtenaient de magnifiques effets en alternant les tons mats et brillants des pierres. L'agate était présente car, selon les légendes serbes, elle passait pour protéger du mauvais sort. – XVIIe siècle. L 83 cm. Musée des arts décoratifs, Belgrade.

PAGE DE DROITE :
Bague en or, émail et diamants.
Angleterre - Carlo Givliano, vers 1880.
Collection privée, Londres.

L'Annonce du XXe siècle

CI-CONTRE :
Bague de jade vert pomme, en forme de cœur, avec saphirs en cabochon et petits diamants dans une monture d'or 18 carats. – Travail de David Webb, joaillier new-yorkais, 1970. Collection Ella Freidus, New York.

Les bijoux du XIXe siècle restent sujets à controverse : pour les uns, ce ne sont que des pastiches d'époques antérieures ou d'objets exotiques, ou encore des formes dégénérées de l'idéal classique. De fait, certains bijoux anglais des années 1850 sont encore dans la ligne du XVIIIe siècle, tels ces diamants taillés en roses et insérés dans une monture fermée, le pavillon étant recouvert d'une feuille métallique.

Pour les autres, on peut discerner dans ces pièces les prémices de la bijouterie contemporaine. L'orfèvrerie et la joaillerie de style victorien, Empire ou Louis-Philippe sont le produit d'une société nouvelle, synthèse de plusieurs facteurs : Révolution française, montée de la bourgeoisie, phénomène romantique, entre autres. Le XVIIIe siècle avait vu le triomphe du goût français, avec pour résultat primordial la disparition progressive des traits propres à l'art de chaque pays. Cette tendance s'accentuera encore au XIXe siècle.

CI-DESSUS :
Cette parure – collier et boucles d'oreille – est d'une rare finesse. Outre les perles et l'or, de petits médaillons à paysages en mosaïques de pierres précieuses, donnent à l'ensemble une très grande beauté. Italie, début du XIXe siècle. Ancienne collection royale du château de Konopiste, Musée des arts décoratifs, Prague.

CI-DESSUS :
Le «diadème des perles» appartint au roi Othon Ier de Grèce et fut porté par son épouse. Il est composé d'une rangée de perles de même grandeur et d'une monture ornée de brillants, sur laquelle sont disposées symétriquement 32 perles en forme de poires, fort bien assorties. – Travail de K. Rieländer (?),Munich 1825. Schatzkammer der Residenz, Munich.

CI-CONTRE :
Cette étoile de l'Ordre de Saint-Georges est faite d'émeraudes, de brillants et de rubis montés sur argent. Elle fut portée par Louis Ier, roi de Bavière (1825-1848). L'Ordre de Saint-Georges remonte aux Croisades, mais il fut remis en honneur en 1729. – Munich, vers 1830. Schatzkammer der Residenz, Munich.

PAGE DE DROITE :
L'Ordre du Lion et du Soleil fut probablement offert par le chah de Perse Nasser-edin (1848-1896) au sultan de Turquie, Abdul-Hamid II ; il constitue à lui seul une petite collection de brillants. Perse, XIXe siècle. Musée Topkapi, Istanbul.

Le Spoonmaker

Ce diamant en forme de poire, pesant 85,8 carats, est exposé au Musée Topkapi à Istanbul. La légende veut qu'il ait été trouvé dans un tas de déchets par un pêcheur turc, qui le vendit à un dinandier en échange de trois cuillers. Il est possible que ce diamant soit le *Turquie II*, mentionné pour la dernière fois en 1882, comme faisant partie des joyaux de la Couronne de l'Empire ottoman. Mais il existe d'autres versions apparemment aussi plausibles les unes que les autres. Ainsi, au Musée Topkapi, on lit dans l'inventaire que le *Spoonmaker* est le *Pigott*, rapporté des Indes par un officier français qui l'aurait possédé pendant quelque temps. En 1818, le *Pigott* est en possession d'Ali Pacha, alors gouverneur d'Albanie. Cet Ali Pacha était un tyran ambitieux ; il devint si puissant qu'en 1822, son maître le sultan envoya un émissaire pour le ramener en Turquie. Une lutte s'engagea, au cours de laquelle Ali Pacha fut mortellement blessé. On lui octroya le privilège de mourir dans sa propre salle du trône ; peu avant, il ordonna de faire disparaître ce qu'il avait de plus précieux, c'est-à-dire sa femme et son diamant. Il ne fut pas obéi : le *Pigott* ne fut pas réduit en poudre et sa femme vécut encore longtemps. De nombreux experts ont combattu la version selon laquelle le *Spoonmaker* et le *Pigott* seraient le même diamant malgré la mention de l'inventaire du Topkapi.

CI-CONTRE :
Pierre le Grand, tsar de Russie (1682-1725) portait une montre sur laquelle une miniature représentait sa femme, Catherine II.
Don M. Mettiweather Post, Smithsonian, Washington.

CI-DESSOUS :
L'anneau comme symbole d'union remonte fort loin dans le passé. Les anciens Egyptiens en mettaient, dit-on, au doigt de la mariée pour marquer la confiance qu'ils avaient en elle comme gardienne du foyer.
Allemagne, 1586.
Schmuckmuseum, Pforzheim.

CI-DESSOUS :
Cette broche est une réplique en miniature de la couronne impériale de Russie. Or et diamants de diverses tailles. – Russie, vers 1800-1810. Collection «A la Vieille Russie», New York.

Le Tiffany

Ce diamant de 128,51 carats,
en forme de coussin, a été taillé dans une pierre
de 287,42 carats, trouvée en Afrique du Sud
en 1878, dans la mine de Kimberley.
C'est le plus grand diamant jaune d'or qui existe.
Tiffany and Company, grande maison de joaillerie
de New York, acheta cette pierre en 1879 et
la fit tailler à Paris, sous la surveillance de
George F. Kunz, le célèbre gemmologue de la
société. Le diamant a quatre-vingt-dix facettes,
quarante sur la couronne et quarante-huit sur
le pavillon, plus une table et une culasse.
Il a été présenté à la Columbian Exposition de
1893 à Chicago, dans d'autres expositions
encore, y compris à la Foire mondiale qui s'est
tenue à New York de 1939-1940.
Récemment, en 1971, il a été exposé à
Kimberley, lors de la célébration du centenaire
de la découverte de la mine de Kimberley.
Il n'a presque pas cessé d'être exposé
chez Tiffany à New York, où on continue
à l'admirer aujourd'hui.

PAGE DE GAUCHE : Colerette composée de fleurs et de rubans faits de topazes et de diamants, les feuilles sont des améthystes. La monture, en argent, se décompose en plusieurs parties, servant de bracelets ou de pendentifs. Italie, XVIIIe siècle. Museo Poldi Pezzoli, Milan.

Parallèlement, la chute de la Cour de Versailles tarira une source d'inspiration. L'Europe devra se tourner ailleurs ; elle trouvera ses modèles dans diverses découvertes archéologiques réalisées depuis la fin du XVIIIe siècle à Herculanum et Pompéi, en Egypte, etc., ainsi que dans l'Inde nouvellement colonisée. Les femmes se pareront alors de coiffures en épis, à la mode pharaonique, de cercles d'or et d'argent, parfois ornés de pierres précieuses (que mettent en valeur des montures ouvertes). Elles arboreront des scarabées, des carquois, des sphinx, traités à plat et suspendus à des couronnes et à des nœuds de diamants. Pourtant, en pleine ferveur antique, le style néo-classique, si vigoureux en peinture et en sculpture, n'influence que

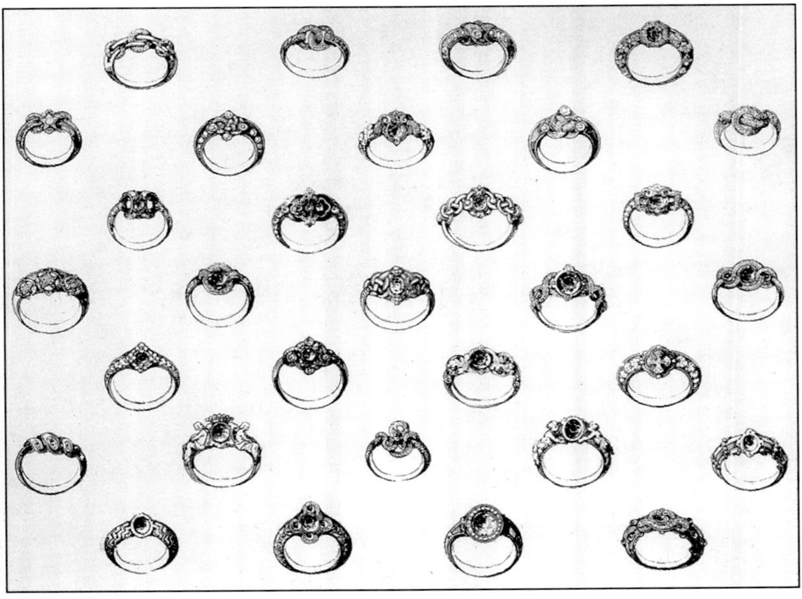

CI-CONTRE ET PAGE DE DROITE :
Bijoux XXe siècle.
Victoria and Albert Museum.
Londres.

fort peu la forme et les thèmes des bijoux en vogue. A ces formes «païennes» vont succéder rapidement des thèmes et des motifs influencés par le regain de religiosité : c'est probablement à ce courant qu'il faut attribuer l'engouement soudain pour le néo-gothique, illustré en France par Froment-Meurice, le meilleur représentant du style «cathédrale», en Angleterre par Pugin. Les romantiques avaient en effet encouragé cet enthousiasme pour le passé non grec, et les esthètes de l'époque voyaient sans déplaisir les bijoux à l'aspect médiéval, de loin préférables à leurs yeux aux orgies de gemmes et de perles si chères aux nouveaux riches. La vague de sentimentalisme inaugurée par Rousseau est de la même veine. Elle se traduira, dès la fin du XVIIIe siècle, mais surtout au XIXe et au-delà,

par une vogue des bijoux-souvenirs, renfermant des boucles de cheveux, des lettres ou d'autres gages d'amour. Les portraits en miniature trouvent leur place dans plusieurs modèles de médaillons, de broches en jais ou de ferronnières. La reine Victoria, dit-on, portait même enchâssées dans un bracelet les premières dents de chacun de ses enfants. Puis, alors que le romantisme britannique devenait de plus en plus synonyme de retour aux sources, celtiques en particulier, la France contemporaine voyait renaître le courant hellénisant, sans aucun doute en réaction contre les excès du néo-gothique.

Dès la fin du XVIIIe siècle, la classe moyenne, comme la noblesse, avait arboré des pierres fines comme parures de jour. L'expansion de la petite bourgeoisie allait stimuler l'emploi de matériaux de moindre valeur intrinsèque. On portera de plus en plus de bijoux en pâte ou en cristal et de pierres à bon marché, gravées ou ciselées, sous forme d'intailles ou

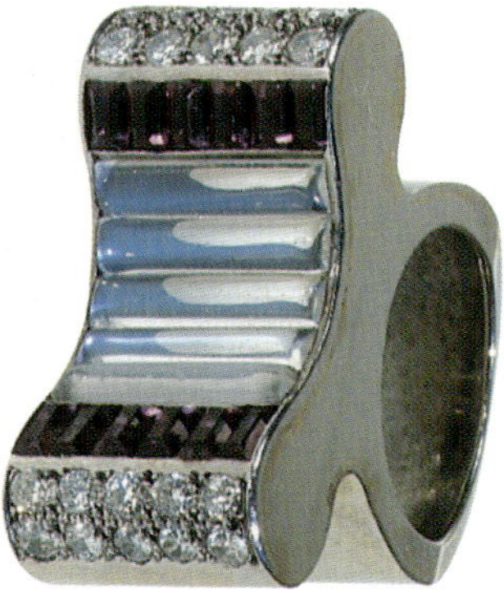

de camées. Ce type de bijoux, moins sophistiqués, traduit mieux l'évolution de la mode que les pièces en diamants, destinées à être portées dans des lieux éclairés aux chandelles. Il est d'ailleurs significatif que la première phase de la joaillerie moderne coïncide, plus tard, avec l'invention de la lumière électrique.

La petite bourgeoisie présentait un autre aspect : l'esthétique aristocratique n'avait que peu de prise sur elle, ce qui allait favoriser de multiples expériences. On verra apparaître ou réapparaître des pièces en piqué, en semence de perles ou en fer, comme les bracelets berlinois, martelés ou moulés. On pourrait également citer les premiers bijoux industriels, tant décriés par les amateurs.

Les formes elles aussi évolueront, depuis les bijoux viennois (en vogue à Paris vers les années 1840), aux nombreux feuillis et motifs floraux, jusqu'au style «étrusque» de la fin du siècle. Mais nous entrons ici dans le domaine de l'Art Nouveau.

PAGE DE DROITE :
Pendentif
Victoria and Albert Museum, Londres.

Compogravure : Minerve, Châtel-Censoir
Impression, reliure : P.P.O. Pantin